© GEV (Grenz-Echo Verlag), 2013
www.gev.be
buchverlag@grenzecho.be

Alle Rechte vorbehalten
Konzept, Text, Skribbles: Willi Blöß
Zeichnungen: Annette Schulze-Kremer
Colorierung: Andrea Naumann, Ada, Repicky,
            Annette Schulze-Kremer, Willi Blöß

ISBN 978-3-86712-082-1
D/2013/3071/9

Printed in EU

Willi Blöß & Annette Schulze-Kremer

AACHEN

Die Geschichte einer großen Stadt

GEV COMIC

Nur wer seine eigene Welt
sich zimmert,
dem bleibt sie ewig jung.
Immer weiter, unbekümmert:
Leben heißt Eroberung.

Walter Hasenclever, 1910

Wie es begann...

...weiß keiner mehr so genau. Aber man vermutet, dass bereits in der Steinzeit (ab 2700 v. Chr.) am Lousberg, am Königshügel und am Schneeberg organisierter Feuersteinabbau betrieben wird.

Ein Hügelgrab am Klausberg lässt auf die Besiedelung während der Bronzezeit (ab 1600 v. Chr.) schließen.

Die Kelten (Blütezeit 400 v. Chr.) verfahren im sumpfigen Aachener Talkessel mit den heißesten Quellen Mitteleuropas (über 70°Celsius) auf eher unappetitliche Art: zu Ehren des Quellgottes Grannus vermischt sich das Wasser mit den Eingeweiden geopferter Hähne und Gänse.

Die Keltische Bärin, Begleiterin der Ardennengöttin Artio, ist als "Aachener Wölfin" am Dom zu bewundern.

5

Im GALLISCHEN KRIEG (58–51 v. Chr.) unterwirft Caesar die Kelten.

Zur Erholung der Legionäre werden im Posten "Aquisgranum" in der Provinz Niedergermanien prächtige Militärbäder (Thermen) errichtet.

AQUIS GRANUM

Ein Bad am Büchel, die Therme unter dem heutigen Dom und das Schwertbad in Burtscheid werden den Römern zugeschrieben.

Klang-Klong

Am Ende des 4. Jahrhunderts zerfällt das Römische Reich. Die Germanische Völkerwanderung setzt ein.

Vom Maastal, entlang der alten Römerstrecke Lüttich-Aachen-Jülich, breitet sich das Christentum aus.

6

Im 5. Jahrhundert verleiben die mächtigen Franken die dünn besiedelte Aachener Region ihrem Reich ein.

Das altfränkische Adelsgeschlecht der langgelockten Merowinger sichert sich bis ins 8. Jh. die Macht des umherziehenden Königstrosses, ehe Pippin, ihr Hausmeier (eine Art Premierminister), diese im Jahr 751 durch einen Pakt mit dem Papst an sich reißt.

Pippin, wegen seiner Wort-kargheit, "der Kurze" genannt.

Immer wieder zieht es den an Wassersucht Leidenden auf sein Landgut "Villa Regia" in "Aquis".

Die heißen Quellen verdanken Pippin auch die endgültige Säuberung vom unseligen Grannus-Kult.

Als Pippin 768 stirbt, hinterlässt er seinen Söhnen Karl (Mitte Zwanzig) und dem jungen Karlmann ein imposantes Frankenreich. Von den Pyrenäen bis nach Thüringen. Von der Nordsee bis zu den Alpen.

7

Nach dem frühen Tod Karlmanns ist
Karl der Große
ab 771
alleiniger Herrscher des Reiches.

Ständig ist er unterwegs.
Um Recht zu sprechen,
Steuern einzutreiben oder
Soldaten zu rekrutieren. Seine Erlasse
sind in einer heute noch erhaltenen
Handschrift, den Kapitularien, nachzulesen.

Und kein Jahr ohne Krieg.
Die grausame Unterwerfung der Sachsen zieht
sich 30 Jahre hin. Karl stürzt ihr Heiligtum,
die Irminsäule, und lässt den Anführer
Widukind taufen.

In der Puszta erbeutet man den legendären
Schatz der Awaren, eines Hunnenvolkes.
16 Pferdegespanne werden mit Kostbarkeiten
beladen.

In Oberitalien werden die Langobarden besiegt.

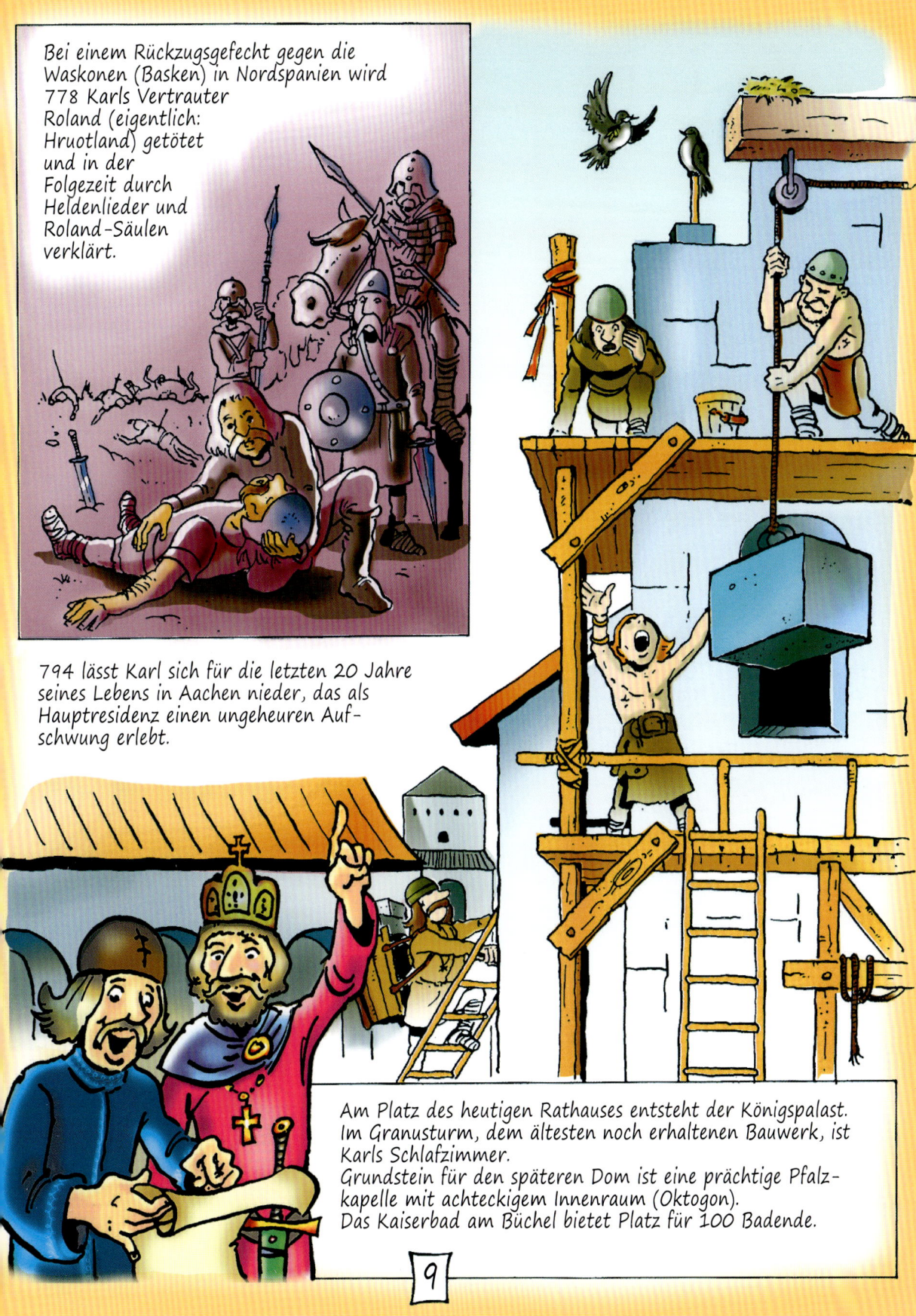

Bei einem Rückzugsgefecht gegen die Waskonen (Basken) in Nordspanien wird 778 Karls Vertrauter Roland (eigentlich: Hruotland) getötet und in der Folgezeit durch Heldenlieder und Roland-Säulen verklärt.

794 lässt Karl sich für die letzten 20 Jahre seines Lebens in Aachen nieder, das als Hauptresidenz einen ungeheuren Aufschwung erlebt.

Am Platz des heutigen Rathauses entsteht der Königspalast. Im Granusturm, dem ältesten noch erhaltenen Bauwerk, ist Karls Schlafzimmer.
Grundstein für den späteren Dom ist eine prächtige Pfalzkapelle mit achteckigem Innenraum (Oktogon).
Das Kaiserbad am Büchel bietet Platz für 100 Badende.

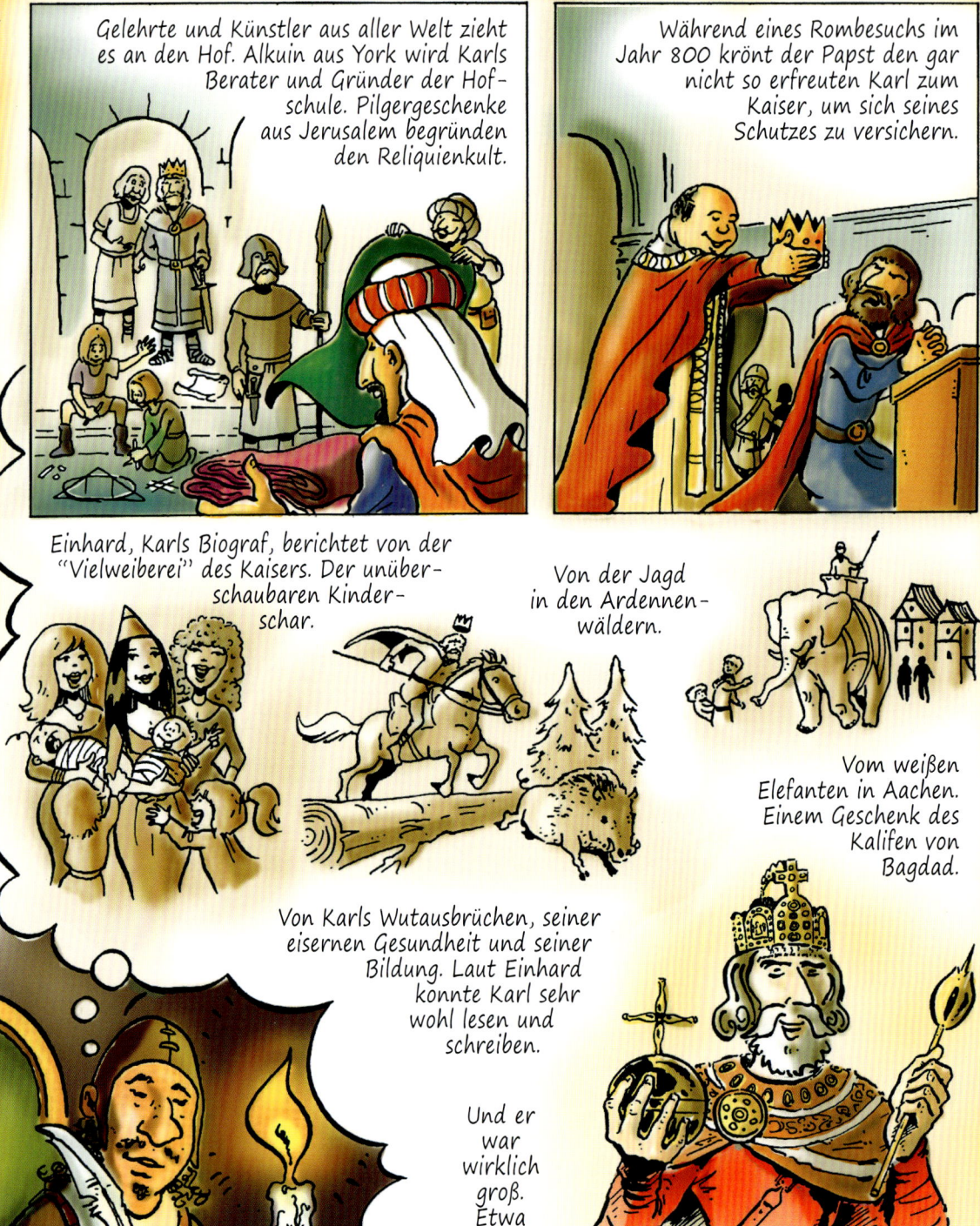

Gelehrte und Künstler aus aller Welt zieht es an den Hof. Alkuin aus York wird Karls Berater und Gründer der Hofschule. Pilgergeschenke aus Jerusalem begründen den Reliquienkult.

Während eines Rombesuchs im Jahr 800 krönt der Papst den gar nicht so erfreuten Karl zum Kaiser, um sich seines Schutzes zu versichern.

Einhard, Karls Biograf, berichtet von der "Vielweiberei" des Kaisers. Der unüberschaubaren Kinderschar.

Von der Jagd in den Ardennenwäldern.

Vom weißen Elefanten in Aachen. Einem Geschenk des Kalifen von Bagdad.

Von Karls Wutausbrüchen, seiner eisernen Gesundheit und seiner Bildung. Laut Einhard konnte Karl sehr wohl lesen und schreiben.

Und er war wirklich groß. Etwa 1,80 m.

Am 28.1.814 stirbt Karl der Große. Über 70 Jahre alt. Er wird in der Pfalzkapelle beigesetzt.

Im neunten Jahrhundert sorgen zerstrittene Erben und aufständige Stammesfürsten für die Zersplitterung der einstigen Großmacht.

WEST-FRANKEN (späteres Frankreich)

OST-FRANKEN (späteres Deutsches Reich)

Die von der Nordsee über Maas und Rhein vordringenden **Normannen** stoßen kaum auf Widerstand. 881 plündern sie Aachen. Sie verwüsten Pfalz und Kaiserbad. Das Oktogon dient ihnen als Pferdestall.

Je chaotischer es im Reich zugeht, desto mehr ist den neuen Herrschern daran gelegen, sich im Glanz des verehrten Vorgängers zu sonnen. Ein regelrechter Karlskult setzt ein.

Im Jahr 936 wählt Otto der Erste Aachen, Karls Lieblingsresidenz, zur Krönungsstätte.
Bis 1531 folgen über 30 Könige seinem Beispiel.

Auch Otto III. will seine Verbundenheit demonstrieren. Im Jahr 1000 öffnet er theatralisch Karls Grab und entnimmt diesem ein Kreuz und einen Talismann.

Friedrich I., wegen seines roten Bartes Barbarossa genannt, lässt Karl 1165 heiligsprechen und stiftet den Barbarossaleuchter, der die Mauern Jerusalems darstellt.

1215 erfolgt die Umbettung des Leichnams in den imposanten Karlsschrein.

Mit dem seit 1950 jährlich verliehenen Karlspreis pflegen Politiker noch heute den medienwirksamen Kult.

Als Friedrich Barbarossa Aachen 1166 zur Reichstadt erklärt, wird eine erste, 2,5 Km lange **Stadtmauer** errichtet.

Diese verhindert 1248 zunächst, dass sich der Gegenkönig Wilhelm von Holland krönen lassen kann.

Erst als er einen Bach staut und die Straßen unter Wasser setzt, ergeben sich die königstreuen Aachener.

Auch 1278 erweist sich die Stadtmauer als wirkungslos. Verräter öffnen dem Grafen von Jülich das Kölntor. Doch aufgebrachte Anwohner töten den Eindringling und dessen Söhne und schlagen über 400 Reiter in die Flucht.

Das Denkmal vom "Wehrhaften Schmied" in der Jakobstraße erinnert an das Selbstbewusstsein der Bürger gegenüber fürstlicher Willkür.

13

Zu den festlichen Höhepunkten des Mittelalters gehören die in Aachen abgehaltenen

Königskrönungen

mit Thronbesteigung und Krönungsmahl im Kreis der Kurfürsten und die

Heiligtumsfahrten.

Pilger aus allen Teilen Europas bestaunen die dem Marienschrein entnommenen heiligen Reliquien.

Windeln und Lendentuch Jesu, ein Kleid Marias, das Enthauptungstuch von Johannes dem Täufer.

Nach der großen Pest finden die Heiligtumsfahrten ab 1347 alle sieben Jahre statt.
Die Resonanz ist überwältigend. Das Gedränge unbeschreiblich.
1414 erfolgt die Erweiterung der gedrungenen Pfalzkapelle Karls durch die hohe gotische Chorhalle, dem "Glashaus" Aachens.

Einige Bauphasen des Doms

1669   1884

Oktogon 805

Chorhalle 1414   1788

14

1147 ruft Bernhard von Clairvaux in Aachen zum 2. Kreuzzug, zur Befreiung Jerusalems, auf.

1190 ertrinkt Friedrich Barbarossa während einer dieser wenig ruhmreichen Unternehmungen.

Doch die vielen sich in der Stadt ansiedelnden **Orden** (Franziskaner, Dominikaner, Augustiner, Johanniter, Karmeliter...) kümmern sich auch um die Kranken, Armen und Alten. Unterernährung, Überbevölkerung und schlimme sanitäre Zustände lassen immer wieder Epidemien ausbrechen, deren Opfer in ausgelagerten Seuchenhäusern untergebracht werden.

Das erste richtige Krankenhaus entsteht 1336 am Münsterplatz, dort, wo sich heute die Sparkasse befindet.

Für Aachens wirtschafliche Blüte im Mittelalter sorgt der Status der "Freien Reichsstadt", 1336 noch ausgedehnt auf die umliegenden Ländereien, wodurch der Begriff vom "Aachener Reich" geprägt wird.

Die fast 20.000 Einwohner zählende Stadt schützt nun eine zweite, äußere Stadtmauer mit elf Toren, von denen Pont- und Marschiertor heute noch erhalten sind.

Durch rege Kaufmannstätigkeit werden Aachener Tuche bald im ganzen Reich bekannt. Die Wolle liefert das benachbarte Limburg.

Ein zweites Standbein ist die Metallverarbeitung in Pulvermühlen und Schmelzöfen. Geräte aus Messing und Kupfer werden zu gefragten Handelsgütern.

Gewaschen wird im heißen, kalkfreien Quellwasser. Veredelt im Walk- oder Komphaus. In Wurm, Pau und Johannisbach wird gespült und man nutzt die Antriebskraft der Bäche.

Eindrucksvolle Beispiele Aachener Handwerkskunst sind Karls- und Marienschrein, der Barbarossaleuchter...

... und die Bronzetüren des Doms.

Bereits im 14. Jahrhundert versteht man sich in Aachen auf das Ziehen von Nadeln aus Messingdraht.

Der zum Sortieren benutzte kleine Finger, der "Klenkes", wird zum typischen Aachen-Gruß.

Im Jahr 1330 übernimmt die bürgerliche Aristokratie den baufälligen Königspalast und baut ihn zum neuen Rathaus um.

Ihr Selbstbewusstsein spiegelt sich in der Betonung der Fassade zum Markt hin wider.

URBS AQUENSIS URBS REGALIS REGNI SEDES PRINCIPALIS

Versuche der geknechteten Handwerker, sich in Zünften (oder "Gaffeln") zu organisieren, werden nicht selten durch Hinrichtungen unterbunden.

Inmitten vornehmer Patrizierhäuser wird die bereits 1200 getextete Karlshymne populär:

"Aachen, du königliche Stadt und erster Sitz des Reiches..."

Erst 1450 räumt die herrschende Kaufmanns- und Grundbesitzerschicht ihnen mit dem "Gaffelbrief" ein Stimmrecht im Rat ein.

17

Zu Beginn des 16. Jh. ist es vorbei mit Aachens Herrlichkeit.
Die Niederlande lösen sich vom deutschen Reich.
Der Zentrale Ort ist nun Frankfurt am Main.
1531 findet die letzte Krönung in Aachen statt.

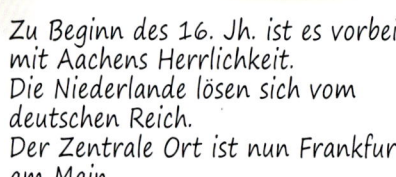

Im Zuge der Glaubenskriege während der Reformationszeit sorgen vertriebene Kalvinisten und selbstbewusste Protestanten in Aachen für Unruhe.

Der spanische General Spinola, im Dienst des Habsburgerkönigs Matthias, belagert die Stadt und setzt den katholischen Rat wieder ein.

Im Jahr 1611 stürmen evangelische Bürger das Rathaus.

Bis 1632, über 20 Jahre, kontrollieren spanische Truppen die Stadt.

Zu weiteren Einquartierungen und Plünderungen kommt es während des Dreizigjährigen Kriegs (1618-1648).

1656 zerstört ein verheerender Stadtbrand fast die gesamte mittelalterliche Stadt. Ausgangspunkt ist ein Feuer in einer Bäckerei. 17 Menschen kommen ums Leben.

Köln und Maastricht helfen beim Wiederaufbau.
Es darf nur noch in Stein gebaut werden und das typische Aachener Drei-Fenster-Haus erweist sich als schnelle und sparsame Lösung.

Zum Zeichen des erfolgreichen Aufbaus besiegelt der Erzbischoft 1668 die Verträge zwischen Frankreich und Spanien im neuen Haus des Bürgermeisters ("Erster Aachener Friede").

Was das Feuer zerstört, muss das Wasser wieder aufbauen!

François Blondel
1613-1703

Dank der populären Schriften des Badearztes Blondel wird Aachen im 18. Jh. zum Modebad Europas.

Die Komphausbadstraße wird zu einer großzügigen Bäderstraße ausgebaut.

Der Adel amüsiert sich in Kurgärten, vornehmen Herrenbädern, literarischen Cafés, Hotels und in der Redoute mit Ballsaal, Glücksspiel und Wandelhallen.

Rheuma und Gicht werden behandelt. Sowie die grassierende Syphilis (mit qualvollen Quecksilberkuren).

Der Flirt am Trinkbrunnen

Das Anlegen der Schröpfköpfe

Auch Casanova wird angelockt.

Wegen hoher Spielschulden entschließt er sich jedoch zu einer übereilten Abreise.

Mit 26 Jahren, ein Alter, wo man eigentlich anderes im Kopf hat, entwirft der spätere Stadtbaumeister Johann Joseph **Couven** (1701-1763) die neue Barock-fassade des Rathauses nebst Freitreppe.

Auch die Abteikirche St. Johann in Burtscheid ent-steht nach seinen Entwürfen.

Oder das ab 1786 vom Apotheker Monheim bewohnte Haus am Hühnermarkt, das heute als Couven-Museum dient.

"Couven-Schrank"

ROCK ME AMADEUS

Der "Aachen-Lütticher"-Stil findet weltweite Beachtung und auch bei der Möbelgestaltung zeigt sich Couvens typische Verbindung von wuchtigem Barock und verspieltem Rokoko.

21

1748 beendet der "Zweite Aachener Friede" den österreichischen Erbfolgekrieg, in den halb Europa verwickelt ist.

Doch während der 7-jährige Mozart in Aachen ein Privatkonzert gibt (1763), brodelt es in den Straßen.

Der als "Mäkelei" bekannt gewordene Zwist zwischen sturen Zünften und geltungssüchtigen Politikern droht zu eskalieren, da besetzen französische Truppen überraschend die Stadt (1792).

Aachen wird zur Hauptstadt des Roer-Departements, das die Verfechter der französischen Revolution als Bollwerk gegen Preußen und Österreich errichten.

Vive L'Emperesse!

Fies Lampethres!

Viele Kirchenleute verlassen fluchtartig die Stadt.

Napoleon ist fasziniert vom geschichtsträchtigen Aachen. Die Bewohner reagieren eher störrisch.

Die **Franzosenzeit** (1792–1814)
beschert Aachen rigorose Veränderungen.

Die Stadtmauer wird abgebrochen, Krefelder- und Trierer-Straße werden zu breiten Heerstraßen ausgebaut.

Der Lousberg wird bepflanzt und mit einem Obelisk als Vermessungspunkt versehen.

Die 1804 gegründete Handelskammer erlebt das Ende der Zünfte zugunsten der Gewerbefreiheit.

BARBIER

COIFFEUR

Sowie die Einführung des Dezimalsystems.

100 20

Die Kontinentalsperre gegen Waren aus England...

Saukäs!

What the..

... stabilisiert kurzzeitig Aachens Wirtschaft.

Erst als Blücher 1814 den Rhein überquert, ziehen die Franzosen wieder ab.

Beim Wiener Kongress fällt Aachen an Preußen.

AACHEN

Vom fernen Berlin aus überwacht der preußische Oberbaurat KARL FRIEDRICH SCHINKEL den Bau des klassizistischen Stadttheaters (1825) und des Elisenbrunnens (1827).

Doch während der Printenbäcker Balthasar van Rey den Alltag der Müßiggänger versüßt, bestimmen im Zuge der Industrialisierung zunehmend Fabrikbauten das Bild.

1841 macht sich der Kaufmann David Hansemann (1790-1864) um den Anschluss Aachens an das entstehende Eisenbahnnetz verdient.

Ein technisches Meisterwerk: der Eisenbahn-Viadukt über das Burtscheider Tal.

Die 1824 von Hansemann gegründete "Aachener Feuerversicherungsgesellschaft" (heute: Aachener und Münchener Versicherung AG) spendet dem preußischen Kronprinzen 1858 fünftausend Taler.

Dank dieser Spende können 1870 (mitten im Krieg gegen Frankreich) 32 Lehrkräfte und 233 Studenten den Lehrbetrieb an der ersten technischen Hochschule des Landes aufnehmen.

24

Die Angst vor den arbeitsplatzbedrohenden Maschinen entlädt sich 1830 gegen den englischen Fabrikanten James Cockerill, der mit knapper Not aus seinem Haus am Friedrich-Wilhelm-Platz entkommt.

Vür sönd allemoele Öcher Jonge!

Das Freiheitsgefühl der 1848er-Revolution und der Unmut gegen die preußische Bevormundung heizen die Stimmung zusätzlich an.

Dampfmaschine

Immerhin ehrt man den 1. Kanzler des Deutschen Reichs von 1871, der als 22-jähriger Referendar Aachen unsicher gemacht hat, mit dem Bismarck-Turm im Stadtwald.

1883 zerstört ein Brand das Dach des Rathauses. Die kostbaren Fresken im Krönungssaal bleiben unversehrt.

Ihr unglücklicher Schöpfer Alfred Rethel ist 1852 bei der Arbeit wahnsinnig geworden.

Sein Gehilfe Joseph Kehren vollendet das Werk.

Auffallend viele Fabrikantentöchter bemühen sich, den Opfern der ungezügelten Industrialisierung zu helfen.

Z.B. Franziska Schervier (1819-1876), die Ordensgründerin und später selig gesprochene "Mutter der Armen".

1850 legt Julius Reuter in der Pontstr. 117 mit 40 Brieftauben den Grundstein für die bald weltberühmte Londoner Nachrichtenagentur "Reuters".

Aachens Weg ins 27. JH.
Eine Comic-Chronik

Stadteinwärts, in der Nr. 13, ist das Zeitungsmuseum, das auf Oscar von Forckenbecks 1890 begonnene Sammlung zurückgeht.

Doch während der Weltwirtschaftskrise weckt das Prachtkaufhaus "Tietz" am Markt (1906 erbaut, 1965 abgerissen) immer öfter ungestillte Sehnsüchte.

1905 verlässt der 19-jährige Ludwig Mies van der Rohe seine Geburtsstadt, um in Dessau, Berlin und Chicago als Architekt Karriere zu machen.

Von kurzer Dauer ist der Glanz des zoologischen Gartens im Westpark.

Oder die Existenz der in Aachen produzierten Automarke "Fafnir".

Im 1. Weltkrieg (1914–18) schockiert besonders der brutale deutsche Überfall auf das neutrale Belgien.

Allein der Elektrozaun, der die Flucht nach Holland vereiteln soll, kostet über 1000 Belgier das Leben.

Nach dem Krieg wird Aachen zur Lazarettstadt unter belgischer Besatzung (bis 1929). Armut, Wohnungsnot und hohe Reparationszahlungen lasten schwer auf den Bewohnern.

1923 versuchen gewalttätige Separatisten von Aachen aus eine "unabhängige Rheinische Republik" auszurufen.

Aufgebrachte Bürger beenden den Spuk nach 13 Tagen und verjagen die Rathausbesetzer.

1930 erhält Aachen einen Bischofssitz.

Doch die Katastrophe des 2. Weltkriegs ist nicht mehr aufzuhalten.

Immer mehr Aachener werden Mitglied der NSDAP. 1.345 jüdische Mitbürger werden terrorisiert. Ihre Geschäfte, ihr Besitz arisiert.

Der in Aachen geborene Schriftsteller Walter Hasenclever nimmt sich 1940 in einem Internierungslager in Frankreich das Leben.

1938 brennt die Synagoge in der Promenadenstraße.

74 Luftangriffe während der Jahre 1939 bis 44 zerstören zwei Drittel der Stadt. 143.000 Menschen werden evakuiert.

Hemingway, als Kriegsberichterstatter im Hürtgenwald, sieht, dass der Westwall kein großes Hindernis darstellt.

Die "Domwache" des Stephan Buchkremer löscht Brände und entfernt nicht gezündete Brandbomben.

1944 beendet die Kapitulation von Oberst Wilck die mehrwöchige Kesselschlacht um Aachen.

Unter Aufsicht der Amerikaner wählen die verbliebenen 6000 Zivilisten Franz Oppenhoff zum neuen Bürgermeister.

Doch noch vor dem Ende des Kriegs sorgt ein über Gemmenich abgesprungenes Werwolfkommando für die Ermordung des engagierten Rechtsanwalts.

Nach dem Krieg ist Kaffee in Belgien spottbillig, in Deutschland jedoch unerschwinglich. An Aachens Grenzen blüht der Schmuggel. Die Zöllner erhalten Schießbefehl und es kommt zu James-Bond-würdigen Aktionen.

Erst das 1953 geänderte Steuergesetz entspannt die Lage an der Kaffee-Front. Fortan gilt es, die Grenzen mit friedlichen Mitteln zu überwinden.

Ausgehend von der britischen Militärregierung wird Halifax in England bereits 1948 Partnerstadt Aachens. Es folgen Reims (Frankreich), Toledo (Spanien), Ningbo (China), Naumburg (DDR), Arlington (USA), Kostroma (Russland) und Sariyer (Türkei).

Für internationale Aufmerksamkeit sorgt das CHIO, das jährlich in der Soers veranstaltete Reit-, Spring- und Fahrturnier.

Neben dem Karlspreis wird seit 1950 der Orden "Wider den tierischen Ernst" verliehen.

Die größte Heiterkeit lösen dabei oft die seltsamen Nominierungen des Aachener Karnevalvereins aus.

Ordensritter Heiner Geißler

30

1969 wird Alemannia Aachen Zweiter in der Fußball-Bundesliga hinter Bayern München. In der nächsten Saison folgt jedoch schon der Abstieg.

Seit 1976 rollt die Kugel im Spielcasino an der Monheims-allee.

Die medizinische Fakultät der Hochschule schmückt sich seit 1984 mit dem hochmodernen Klinikum.

Aachens bunte Kneipenszene dominieren die Studenten der technischen Fächer.

1991 wird das "Ludwig Forum für Internationale Kunst" in der Jülicher Straße eröffnet.

Die Sammlung des Aachener Schokoladen-fabrikanten Peter Ludwig (1925-1996) wird sich auf 19 Museen in 5 Ländern verteilen.

Das LUFO fest in der Hand der "Supermarket Lady" (Plastik von Duane Hanson)

Peter und Irene Ludwig

Ein Wohn-, Büro- und Laden-Ensemble mit auffälliger Dachkimme am Büchel, zu Ehren des Überbauten: "Kaiserbad" genannt...

Die noble Carolus-Therme in der Passstraße...

An Hünengräber erinnernde Bushaltestellen....

... mit zeitgemäßen Interpretationen knüpft Aachen zu Beginn des neuen Jahrtausends an seine große Tradition an.

Computertechnologien schieben sich in den Vordergrund. Immer noch spukt die Idee vom "Mittelpunkt Europas" in den Köpfen der Aachener.

Der grenzüberschreitende Euregio-Verbund inspiriert Planer und Visionäre.

Teil 2 dieser Chronik, in 1000 oder 2000 Jahren, mit relativierendem zeitlichen Abstand, wird zeigen, was bleibt.

Dies ist jedenfalls noch lange nicht das **ENDE**

Zeittafel

Anfänge (ca. 2.700 v. Chr. bis Ende 5. Jh. n. Chr.)
Stein-, Bronzezeit
Kelten
Römer (Militärbäder)

Frühmittelalter (ca. 500 bis 1050)
Franken, Merowinger, Karl der Große
Normannen
Königskrönungen

Hochmittelalter (ca. 1050 bis 1250)
Stadtmauer
Tuch-, Metallhandwerk

Spätmittelalter/frühe Neuzeit (ca. 1250 bis Ende 18. Jh.)
Heiligtumsfahrten
Epidemien
Spanier in Aachen
Stadtbrand
Modebad

Franzosenzeit (1792-1814)
Roer-Departement

Preußenzeit/Industrialisierung (1814-1914)
Arbeiteraufstand
Eisenbahn
Polytechnikum (TH)

Zwanzigstes Jahrhundert
belgische Besatzung nach 1. Weltkrieg
Judenverfolgung/ 2. Weltkrieg
Bombardierung
Schmugglerzeit
Klinikum
Ludwig Forum
Euregio-Verbund

Benutzte Literatur (Auswahl):
- Bernhard Poll: "Geschichte Aachens in Daten", Aachen 1965
- Walter Kaemmerer: "Geschichtliches Aachen", Aachen 1967
- Wolfgang Trees: "Kaffee, Krähenfüße und Kontrollen", Aachen 1974
- Merian, Heft 1.77, Hamburg 1977
- Peter H. Loosen: "Aus dem alten Aachen", Aachen 1978
- Hans Hoffmann: "Aachens Dom im Feuersturm", Düsseldorf 1984
- Wolfgang Trees/Charles Whiting: "Die Amis sind da", Aachen 1984
- Dieter Wynands: "Kleine Geschichte Aachens", Aachen 1986
- Heinrich Gandelheid: "Aachener Ansichtskarten", Aachen 1987
- Manfred Bierganz/Annelie Kreutz: "Juden in Aachen", Aachen 1988
- Hans Siemons: "Kriegsalltag in Aachen", Aachen 1988
- Heinrich Gandelheid: "Alte Aachener Bilder", Aachen 1989
- Marianne Jungen: „Die Geschichte der Kaiserstadt Aachen von den
  Römern bis zur Neuzeit und vieles mehr", Aachen 1995
- Bruno Lerho: "Aus alten Zeiten", Serie der Aachener Nachrichten, 1995

Zur Neuauflage

Die erste Version dieser Comic-Chronik erschien im Dezember 1999, kurz vor der Jahrtausendwende, unter dem Titel "Aachens Weg ins 21. Jahrhundert" im Verlag der Buchhandlung Schmetz am Dom und als Vorabdruck in der Tageszeitung "Aachener Nachrichten". 14 Jahre sind seitdem vergangen und als die Idee einer Neuauflage aufkam, dachte ich spontan, dass sicher einiges an neuen Seiten nötig sei, um die jüngsten Ereignisse aufzunehmen.

Es ist jedoch bei der ersten Version geblieben.

Die große Ausholbewegung zum unterhaltsamen Anreißen der Epochen erscheint mir nach wie vor als gelungen. Wann hat man das schon mal beim Betrachten eigener älterer Werke? Durch kurzlebige Sensatiönchen am Ende käme der Schwung nur ins Stocken. Auch aus Respekt vor den Vorgängergenerationen wollte ich uns Gegenwärtige nicht unangemessen in den Vordergrund stellen.

Aufgrund von Reaktionen weiß ich, dass besonders die Fans des Aachener Fußballvereins Alemannia dafür nicht unbedingt Verständnis haben. Da hätten es schon einige Seiten Spielberichte und Analysen mehr sein dürfen. Angesichts des aktuellen Tiefpunkts in der 113-jährigen Klubhistorie (4. Liga) ist es aber vielleicht doch in Ordnung, dass ich mich kurzgefasst habe.

Ein paar kleine Textkorrekturen wurden vorgenommen. Diesbezüglich danke ich Herrn Willi Hermanns aus Inden für die Aufmerksamkeit. Nur den Keltengott Grannus erlaube ich mir weiter mit zwei "n" zu schreiben, obwohl anderenorts die Schreibweise mit einem "n" favorisiert wird, z.B. beim Granusturm oder bei einer Öcher Sprudelmarke. Schriftliche Belege gibt es erst seit dem 8. Jahrhundert, lange nach den Kelten und Römern, für beide Versionen.

Erwähnt sei diesmal, weil es in der ersten Auflage vergessen wurde, dass die Illustration der "Supermarket Lady" auf Seite 27 von Alfred Neuwald zur Verfügung gestellt wurde. Entnommen wurde sie dem Band "Comiczeichner und das Ludwig Forum" von 1992. Besten Dank.

Willi Blöß, Aachen, Mai 2013

„„ **Der Comic, sonst gerne als Tummelplatz fantastischer Ausgeburten verschrien, präsentiert sich in der vorliegenden Ausgabe faktenorientiert, informativ und lehrreich, dabei mindestens so unterhaltsam wie ein Superhelden-Comic. Detailreiche Überzeichnung im Dienste bunter Lesbarkeit. Ich bin sicher, daß der Comic-Histographie in der großen Erzählung Geschichte, ein Platz gebührt – interessante Figuren gibt es jedenfalls genug.** ""

Dr. Gregor Jansen, Kunstwissenschaftler;
promovierte 1998 in Aachen; unterrichtete bis 2005 in den
Fachbereichen Bildwissenschaft und Medientheorie an der FH Aachen;
seit 2010 Direktor der Kunsthalle Düsseldorf

Annette Schulze-Kremer

Jahrgang 1967, kam 1989 zum Grafik-Designstudium
nach Aachen.
Freiberufliche Illustratorin.
Lebt seit 1998 in Lichtenbusch, Belgien.
Als weitere Comic-Publikation von ihr liegt eine Biografie
des Künstlers Andy Warhol aus dem Jahr 2002 vor
(Reihe "Künstler-Biografien", Willi Blöß Verlag,
5. Auflage).

Willi Blöß

Jahrgang 1958, kam 1979 zum Architekturstudium nach Aachen.
Arbeitete zwei Jahre als Architekt. Seit 1988 freiberuflicher Illustrator
und Texter. 1992-96 Lehraufträge "Graphisches Erzählen" an der
Fachhochschule Aachen, Bereich Design. In Zusammenarbeit mit
Aachener Studenten und Illustratoren entstanden in dieser Zeit 6 längst
vergriffene Comic-Sammelbände, 4 davon mit Aachen-Themen.
1999 bildete das hier nun wieder vorliegende Buch in Zusammenarbeit
mit Annette Schulze-Kremer Höhepunkt und Abschluss des damit
5-bändigen Aachen-Komplexes.
Danach Konzentration der illustrativen Wissensvermittlung auf
Künstler-Porträts (aktuell 22 Comic-Biografien lieferbar; Programm
und Bezug: www.kuenstler-biografien.de; Deutscher Biografiepreis 2012
für die Reihe; Ende 2013 soll Band 23 über den Kriegsfotografen Robert
Capa erscheinen).

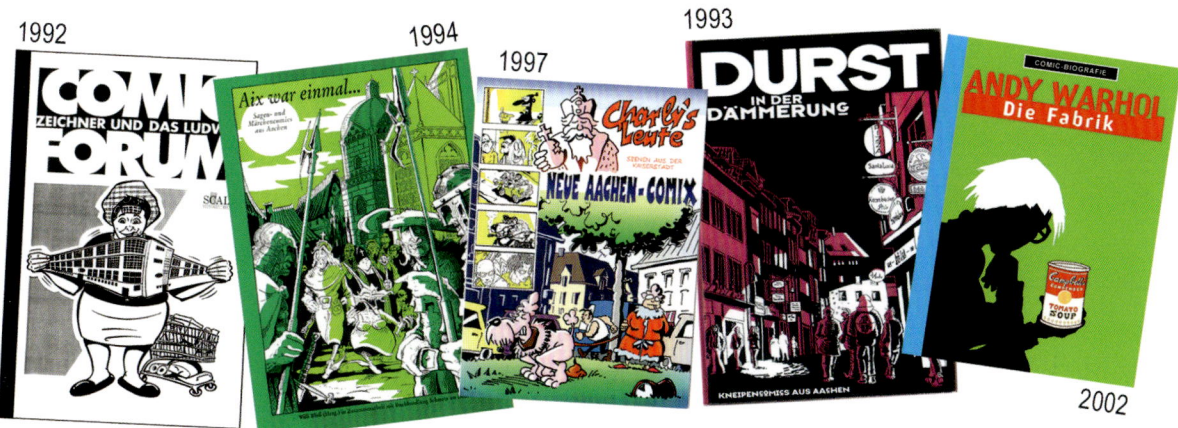

1992   1994   1997   1993   2002